東家雜記

〔宋〕孔傳 編

齊魯書社
・濟南・

圖書在版編目（CIP）數據

東家雜記 / (宋) 孔傳編. -- 濟南 : 齊魯書社, 2024. 9. -- (《儒典》精粹). -- ISBN 978-7-5333-4945-5

Ⅰ. B222.2

中國國家版本館CIP數據核字第2024Y294S8號

責任編輯　張　超　劉　晨
裝幀設計　亓旭欣

東家雜記
DONGJIA ZAJI
〔宋〕孔傳　編

主管單位	山東出版傳媒股份有限公司
出版發行	齊魯書社
社　　址	濟南市市中區舜耕路517號
郵　　編	250003
網　　址	www.qlss.com.cn
電子郵箱	qilupress@126.com
營銷中心	（0531）82098521　82098519　82098517
印　　刷	山東臨沂新華印刷物流集團有限責任公司
開　　本	880mm × 1230mm　1/32
印　　張	5.5
插　　頁	2
版　　次	2024年9月第1版
印　　次	2024年9月第1次印刷
標準書號	ISBN 978-7-5333-4945-5
定　　價	49.00圓

《〈儒典〉精粹》出版説明

《儒典》是對儒家經典的一次精選和萃編，集合了儒學著作的優良版本，展示了儒學發展的歷史脉絡。其中，《義理典》《志傳典》共收録六十九種元典，由齊魯書社出版。鑒於《儒典》采用套書和綫裝的形式，部頭大，價格高，不便於購買和日常使用，我們决定以《〈儒典〉精粹》爲叢書名，推出系列精裝單行本。

叢書約請古典文獻學領域的專家學者精選書目，并爲每種書撰寫解題，介紹作者生平、内容、版本流傳等情况，文簡義豐。叢書共三十三種，主要包括儒學研究的代表性專著和儒學人物的師承傳記兩大類。版本珍稀，不乏宋元善本。對於版心偏大者，適度縮小。爲便於檢索，另編排目録。不足之處，敬請讀者朋友批評指正。

齊魯書社

二〇二四年八月

《〈儒典〉精粹》書目（三十三種三十四册）

孔氏家語　荀子集解　孔叢子
春秋繁露　春秋繁露義證　鹽鐵論
新序　揚子法言　白虎通德論
潛夫論　中説　太極圖説　通書
龜山先生語録　張子語録　傳習録
張子正蒙注　先聖大訓　近思録
四存編　孔氏家儀　帝範
帝學　温公家範　文公家禮
聖門禮樂誌　東家雜記　孔氏祖庭廣記
伊洛淵源録　伊洛淵源續録　國朝漢學師承記
國朝宋學淵源記　孔子編年　孟子年表

解題

東家雜記二卷，宋孔傳編，宋刻遞修本（明袁則明跋，清黄丕烈、錢大昕跋）

孔傳字世文，孔子四十七代孫。建炎初，隨從子衍聖公孔端友南渡，流寓衢州。紹興中，官至右朝議大夫，知撫州軍州事，兼管内勸農使，封仙源縣開國男。

是編成於紹興甲寅（四年，一一三四），記歷代崇奉孔子及其後裔，并及孔廟、孔林諸古迹，爲現存最早的孔氏家傳。此前，傳於宣和六年（一一二五）嘗撰《祖庭雜記》，書雖不傳，猶略見於孔元措《祖庭廣記》中。此書則南渡以後别爲編輯，改名『東家』者，殆痛祖庭之淪陷而不忍質言之也。此本前有孔傳《序》、《杏壇説》、二十九代璋《北山移文》、徂徠先生守道（石介）《擊蛇笏銘》、四十七代三孔氏《元祐黨籍》。上卷分九目，曰姓譜、先聖誕辰諱日、母顔氏、娶并官氏、孔子追封謚號、歷代崇奉、嗣襲封爵沿改、仁廟朝改衍聖公告、鄉官。下卷分十三目，曰先聖廟、手植檜、杏壇、後殿、先聖小影、廟栢、廟中古碑、本朝御製書、廟外古跡、齊國公墓、祖林古跡、林中古碑、宅圖。後有《續添襲封世系》（自『一代文宣王』至『五十三代洙』），及元豐八年（一〇八五）四十六代孫宗翰、紹興二年（一一三二）四十八代孫端朝、淳熙五年（一一七八）五十代孫擬譜序三篇。

此書另有《四庫全書》本，正文前後除孔傳舊序外，其餘皆佚去。代之以前冠《孔子生年月日考異》一篇（末題『辛亥淳祐十一年秋九月戊午朔去疾謹書』），後附《南渡家廟》一篇（題『寶祐二年二月甲子日汝騰謹記』）及淳熙元年（一一七四）葉夢得跋。去疾、汝騰皆宋宗室子，故不署姓氏。去疾稱舊有尹梅津跋，二本皆無之。《四庫全書總目提要》稱『去疾《考》中歷駁諸家之誤，而以爲春秋用夏正，定孔子生於十月二十一日，卒於四月十八日。其説殊謬。殆由是時理宗崇重道學，胡安國《傳》方盛行，故去疾據以爲説』。又引錢曾《讀書敏求記》曰『壬戌冬日，葉九來過芳草堂，云有宋槧本《東家雜記》，因假借繕寫。此書爲先聖四十七代孫孔傳所編。首列《杏壇圖説》，記夫子車從出國東門，因觀杏壇，歷級而上，顧弟子曰：「兹魯將臧文仲誓將之壇也。」睹物思人，命瑟而歌。其歌曰：「暑往寒來春復秋，夕陽西去水東流。將軍戰馬今何在，野草閑花滿地愁。」考諸家琴史俱失載，附録於此。詳其語意，未知果爲夫子之歌否也』云云。因謂：『此歌僞妄，不辨而明。曾乃語若存疑，蓋其平生過尊宋本之失。然曾云三卷，此本實二卷。曾云首列《杏壇圖説》，此本《杏壇》爲下卷第三篇，且有説無圖，亦無此歌。不知曾所見者又何本也，其或誤記歟？』是館臣未見此宋本，反誤以錢曾爲誤記耳。至於卷上『娶并官氏』《四庫》本『并』作『亓』，卷下『宅圖』後之附跋《四庫》本亦無之，亦考證家所當取資者也。

此本所附手跋三則，具言得書經過，探析版本源流。黄丕烈謂『於東城舊家得宋槧本，即爲毛氏影寫本所自出』，錢大昕稱『卷中述世系訖於五十三代洙，計其時代，當在南宋之季，蓋後來續有增入矣。卷首《杏壇説》與錢遵王所記正同，竊意此《杏壇説》及《北山移文》《擊虵笏銘》《元祐黨籍》三篇亦後人增入，非世文意』，洵爲確論，頗可藉以參考。

徐 泳

目録

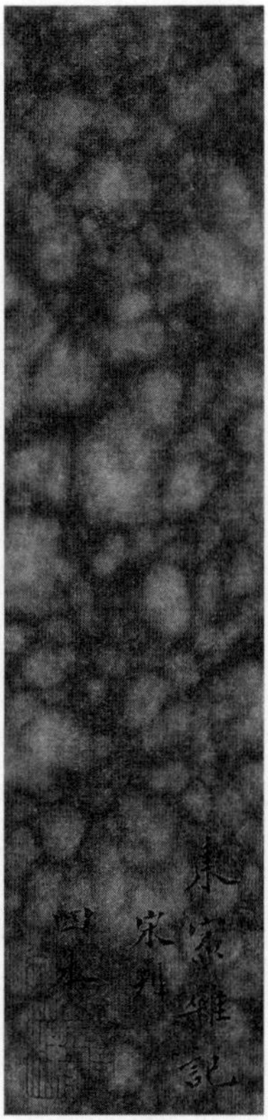
東京雜記
宋刊
四本

東家雜記

先聖没逮今一千五百餘年傳世五十或問其姓則内求而不得或審其家則舌舉而不下爲之後者得無愧乎傳竊嘗推原譜牒參考載籍則知鄭有孔張出於子孔衛有孔達出於姬姓蓋本非子氏之後而從居於魯者皆非吾族若乃歷代襃崇之典累朝班賚之恩寵數優蕃固可以枚陳而列數以至驗祖壁之遺書訪闕里之陳跡荒墟廢址淪没於春蕪秋草之中者魯尚多有之故老世傳之將使聞見之所未嘗者

如接於耳目之近於是纂其軼事綴所舊聞題
曰東家雜記好古君子得以覽觀焉時皇宋紹
興甲寅三月辛亥四十七代孫右朝議大夫知
撫州軍州事兼管內勸農使仙源縣開國男食
邑三伯戶借紫金魚袋孔 傳謹序

杏壇說

昔周靈王之世魯哀公時夫子車從出國東門因覩杏壇逡巡而至歷級而上弟子侍列顧謂之曰茲魯將臧文仲誓盟之壇也覩物思人命琴而歌

歌曰

暑往寒來春復秋　夕陽西去水東流

將軍戰馬今何在　野草閑花滿地愁

北山移文　二十九代　璋遠

鍾山之英草堂之靈馳煙驛路勒移山庭夫以耿介拔俗之標蕭灑出塵之想度白雪以方絜干青雲而直上吾方知之矣若其亭亭物表皎皎霞外芥千金而不眄屣萬乘其如脫聞鳳吹於洛浦値薪歌於延瀨固亦有焉豈期終始參差蒼黃翻覆淚翟子之悲慟朱公之哭乍迴跡以心染或先貞而後黷何其謬哉嗚呼尚生不存仲氏旣往山阿寂寥千載誰賞世有周子雋俗之士旣文旣博亦玄亦史然而學遁東魯習隱南郭竊吹草堂濫巾

北岳誘我松桂欺我雲壑雖假容於江皋乃纓情於好爵其始至也將欲排巢父拉許由傲百氏蔑王侯風情張日霜氣橫秋或歌幽人長往或怨王孫不游談空空於釋部覈玄玄於道流務光何足比涓子不能儔及其鳴騶入谷鶴書赴隴形馳魄散志變神動爾乃眉軒席次袂聳筵上焚芰製而裂荷衣抗塵容而走俗狀風雲淒其帶憤石泉咽而下愴望林巒而有失顧草木而如喪至其紐金章綰墨綬跨屬城之雄冠百里之首張英風於海甸馳妙譽於浙右道帙長殯法筵久埋敲扑諠囂

犯其慮牒訴倥偬裝其懷琴歌既斷酒賦無續常
綢繆於結課每紛綸於折獄籠張趙於往圖架卓
魯於前籙希蹤三輔豪馳聲九州牧使我高霞孤
映明月獨舉青松落蔭白雲誰侶澗戶摧絕無與
歸石逕荒涼徒延佇至於還飈入幕寫霧出楹蕙
帳空兮夜鵠怨山人去兮曉猿驚昔聞投簪逸海
岸今見解蘭縛塵纓於是南嶽獻嘲北隴騰笑列
壑爭譏攢峯竦誚慨游子之我欺悲無人以赴弔
故其林慙無盡澗愧不歇秋桂遣風春蘿罷月騁
西山之逸議馳東皐之素謁今又促裝下邑浪栧

上京雖情投於魏闕或假步於山扃豈可使芳杜厚顏薜荔無恥碧嶺再辱丹崖重滓塵游躅於蕙路汙淥池以洗耳宜扃岫幌掩雲關斂輕霧藏鳴湍截來轅於谷口杜妄轡於郊端於是叢條瞋膽疊穎怒魄或飛柯以折輪乍低枝而掃跡請迴俗士駕爲君謝逋客

擊蛇笏銘

徂徠先生守道述

天地至大有邪氣干於其間爲凶暴爲殘賊聽其肆行如天地必育之而莫禦也人生最靈或異其類出於其表爲妖怪信其異端如人蔽覆之而莫露

也祥符年寧州天慶觀有蛇妖極怪異郡刺史日
两至於其庭朝焉人以爲龍舉州人内外遠近罔
不駿奔於門以覲恭莊肅祗無敢怠者今龍圖侍
御孔公時佐幕在是邦亦隨郡刺史叅於其庭公曰
明則有禮樂幽則有鬼神是蛇不以誣乎惑吾民
亂吾俗殺無赦以手板擊其首遂斃於前則蛇無
異焉郡刺史暨州内外遠近庶民昭然若發蒙見
青天覩白日故不能肆其凶殘而成其妖惑易曰是
故知鬼神之情狀公之謂乎夫天地間有純剛至
正之氣或鍾於物或鍾於人人有死物有盡此氣

二マ八十上

不滅烈烈然彌亘億萬世而長在在堯時爲指佞
草在魯爲孔子誅少正夘刃在齊在晉爲董史筆
在漢武帝爲東方朔戟在成帝朝爲朱雲劍在東
漢爲張綱輪在唐爲韓愈論佛骨表逐鱷魚文爲
叚太尉擊朱泚笏今爲擊蛇笏故佞人去堯德聰
少正夘戮孔法舉罪趙盾晉人懼辟崔子齊刑明
距董偃折張禹刧梁冀漢室乂佛老微聖德行鱷
魚徙潮風振惟蛇死妖氣散噫天地鍾純剛至正
之氣在公之笏豈徒斃一蛇而已軒陛之下有罔
上欺君先意順旨者公以此笏指之廟堂之上有

蔽賢蒙惡違法亂紀者公以此笏麾之朝廷之内
有諛容佞色附邪背正者公以此笏擊之夫如是
則軒陛之下不仁者去廟堂之上無姦臣朝廷之
内無佞人則笏之功也豈止在一蛇公以笏爲任
笏得公而用公方爲朝廷正人笏方爲公之良器
敢稱德于公作笏銘曰

至正之氣　天地則有　笏惟靈物
笏能乃受　笏之爲物　純剛正直
公惟正人　公乃能得　笏之在公
能破滛妖　公之在朝　讒人乃消

靈氣未竭　斯笏不折　正道未亡
斯笏不藏　惟公寶之　烈烈其光

元祐黨籍　四十七代三孔氏

司馬光呂公著呂大防劉摯蘇子由范純仁韓忠彥曾布梁燾王存文彥博王巖叟鄭雍傅堯俞趙瞻韓持國孫固孫甫范伯禄胡宗愈李清臣劉奉世范純禮安燾陸佃黃履張商英蔣之奇以上係曾任宰相執政官蘇軾劉安世范祖禹朱光庭趙君錫馬默孔武仲孔文仲吳安持錢勰李之純孫覺鮮于侁趙彥若趙卨王欽臣孫升李周王汾韓川顧臨賈

易呂希純曾肇王覿范純粹呂陶王古豐稷張舜
民張問楊畏鄒浩陳次升謝文瓘岑象求周鼎徐
勣路昌衡董敦逸上官均葉濤郭知章楊康國龔
原朱紘葉祖洽朱師服以上曾任待制已上官秦觀黄庭堅
晁補之張耒吴安詩歐陽棐劉唐老王鞏呂希哲
杜純張保源孔平仲楊畿司馬康宋保國黄隱畢
仲游常安民汪衍余爽鄭俠常立程頤唐義問余
卞李格非陳瓘任伯雨張庭堅馬涓孫諤陳郛朱
光裔蘇嘉龔夬王回呂希績吴儔歐陽中立尹材
葉伸李茂直吴處厚李積中商倚陳祐虞防李祉

李深李之儀范正平曹蓋楊琳蘇丙日葛茂宗劉
清柴袞洪羽趙天佐李新衡鈞袞公適馮百藥周
誼孫琮范柔中鄧考甫王寀趙峋封覺民胡端修
李賁李瀠趙令畤郭執中石芳余極高公應安信
之張集黄策吴多遜周永徽高漸張夙鮮于綽呂
諒卿王貫朱紘吴朋梁安國王古蘇迥檀固何大
受王華張湜傅耆董丕竹璟蘇堯臣趙齊賢高復
陳琳何宗韓李援徐瑛張譽倪直儒王箴吴光美
李公寅周邠李志忞蕭景偕徐俯李孝常范百億
何權宇文煇俞次契章諷陸渙張保淳程之才余

卞呂蕡劉勃陳京費勉中董乂辛春卿舒升之閻
建張及劉跂龔俊明黄應求劉仲玠司馬宏唐嘉
問馮正卿吳元中吳文規杜穎卞議尹翊葛敏脩
陳并趙晞文嘉謀鄭少微王知常郝宗旦鄭語施
邁陳師錫何景甫趙衡毛求張直楊懷寶楊朴梁
鼎高公傑趙子煥王箴白鎮蘇象先趙侹朱行中
王注滕友侯晉卿周謂毛直友范世文李世基苗
蓁趙逢上官均張沔王公彥賈休復宋直方喬甫
江偉何奕俞唐張彥逸馮希道蔣琳胡脩馮正雅
張元林定勾居體張朴以上並係餘官

東家雜記上

右朝議大夫知撫州軍州事兼管內勸農使仙源縣開國男食邑三伯戶借紫金魚袋孔傳編

姓譜　先聖誕辰諱日

母顏氏　娶幷官氏

追封謚号　歷代崇奉

嗣襲封爵沿改　改衍聖公告

鄉官

姓譜

昔契以佐禹治水有功封於商而賜姓子氏至

周成王時以商之帝乙長子微子啓國於宋啓卒立其弟微仲衍微仲衍生宋公稽宋公稽生丁公申丁公申生湣公共及襄公熙熙生弗父何弗父何生宋父周宋父周生世子勝世子勝生正考父正考父生孔嘉父孔嘉父者其字也而先儒以謂當時所賜號者誤矣孔嘉父生木金父木金父生祁父五世親盡別爲公族祁父因以王父字爲孔氏而其子孔防叔避宋華督之難奔魯爲大夫因家於魯孔防叔生伯夏伯夏生叔梁紇長子曰孟皮有疾不任繼嗣次子則

先聖是也自　孔子沒子孫世爲魯人同居祖廟

先公文清先生昔嘗推原世譜以謂李姓出於

子姓者是嬴姓著非如鄭有孔張出於子孔衛

有孔達魏有孔悝出於姬姓實在子姓之先皆

非孔子之後

先聖誕辰諱日

周靈王二十一年己酉歲卽魯襄公二十二年

也當襄公二十二年冬十月庚子日先聖生

是夕有二龍繞室五老降庭五老者五星

之精也又顏氏之房聞奏鈞天之樂空中

有聲云天感生聖子故降以和樂笙鏞之音
周敬王四十一年辛酉歲即魯哀公十六年也
當哀公十六年夏四月己丑日 先聖薨
先儒以謂己丑者誤矣 先聖未生時
有麟吐玉書於闕里其文曰水精之子係
衰周而素王顏氏異之以繡紱繫麟角信
宿而麟去至哀公十四年西狩大野叔孫
氏車子鉏商獲獸以為不祥 先聖視之
曰麟也胡為來哉胡為來哉反袂拭面泣
涕沾衿叔孫聞之然後取之而繫角之紱

尚存麟見而天告夫子將亡之證也夫子
晨蚤作負手曳杖逍遥于門而歌曰泰山
頹乎梁木壞乎哲人萎乎因以涕下既歌
而入當戶而坐子貢聞之曰泰山其頹則
吾將安仰梁木其壞則吾將安放夫子殆
將病也遂趨而入夫子曰賜汝何來遲
夫明王之不興則天下其孰能宗予夏人
殯于東堦周人於西階商人於兩楹間昨
暮予夢坐奠於兩楹之間予殆商人也後
七日而終時年七十三

母顏氏

叔梁紇雖有九女而無子其妾生孟皮一字伯尼有足疾於是乃求婚於顏氏顏氏有三女其小曰徵在顏父問三女曰陬大夫雖父祖爲士然其先聖王之裔今其人身長十尺武力絕倫吾甚貪之雖年高性嚴不足爲疑三子孰能爲之妻二子莫對徵在進曰從父所制將何問焉父曰即爾能矣遂以妻之

娶幵官氏

孔子十九娶于宋之幵官氏

孔子追封謚号

漢平帝元始元年追謚　夫子爲褒成宣尼公

魏文帝太和十六年改謚　文宣尼父

後周宣帝大象二年追封鄒國公詔曰盛德之後是稱不絶功施於民義昭祀典孔子德惟藏往道著生知以大聖之才屬千古之運載弘儒業式叙彝倫至如幽贊天人之理裁成禮樂之務故以作範百王垂風萬葉朕欽承寶曆服膺月敎義奄言洙泗懷道滋深而褒成啓號雖彰故實旌崇聖績

猶有闕如可議封爲鄒國公

唐太宗正觀十一年詔尊孔子爲宣父

唐高宗乾封元年封禪泰還經曲阜親幸祠廟

追贈先聖爲太師敕曰魯文司寇資

大聖之才屬衰周之末想黍離而永嘆因

獲麟而興感乘素王之雅則正史策之繁

文播洪業於當時昭景化於千祀朕嗣膺

寶曆祇奉睿圖憲章前王規矩先聖功

成化洽禮盛樂和展乘東巡迴輿西上途

經此境撫事興懷駐此荒墟願爲師友遥

望幽墓思承格言雖燕寢荒蕪餘址近在
靈廟虛寂徽烈猶存孟軻曰自生民以來
未有如孔子者也微禹之嘆既深褒成之
禮宜峻可贈太師庶年代雖遠式範令圖
景命惟新儀形茂實

唐則天天授元年十月封隆道公

唐明皇開元二十七年八月二十三日封文宣王
制曰弘我王化在乎儒術能發揮此道啓
迪含靈則生民以來未有若孔子者也故
能立天地之大本成天地之大經美政化

移風俗君君臣臣父父子子民到于今受
其賜不其偉歟於戲楚王莫封魯公不用
俾夫大聖守列陪臣棲遲旅人固可知矣
年祀寖遠光靈益彰雖代有襃稱之不爲崇
峻不副於實人其謂何夫子旣稱
先聖可追謚爲文宣王

本朝

眞宗皇帝大中祥符元年加
夫子號爲玄聖文宣王春秋孔演圖曰孔子母感黑帝而生莊子亦云元聖素王故有是號勑中書門下王者順考古道懋建

大猷崇四術以化民昭宣教本揔百王而致治丕變人文方啓迪於素風思丕揚於鴻列

先聖文宣王道膺上聖體自生知以天縱之多能實人倫之先覺立功作乎簡易景鑠配乎貞明惟列辟以尊崇爲德義之師表肆朕寡昧欽承丕歷曷嘗不遑守彝訓保文中區屬以祗若九霄告成喬嶽觀風廣魯之地茹薦敷仍之當躬謁遠祠緬懷遐躅仰明靈之如在肅奠獻以惟寅是用諡

簡冊之文昭聰叡之德肇舉追崇之禮庶
申嚴奉之心備物典章垂之不朽誕告多
士昭示朕意宜追謚曰元聖文宣王先是
詔有司檢討漢武帝唐高宗明皇褒宣聖
故事且命輔臣議定初欲追謚爲帝或言
宣父周之陪臣周止稱王不當加以帝號
故第增美名續奉
勅改謚至聖文宣王
歷代崇奉
魯哀公十七年立廟於舊宅守陵廟百戶

漢高祖滅項羽平天下十二年十二月行自淮
南還過魯以太牢祀
先聖封九代孫滕爲奉嗣君
前漢元帝初元中下詔太師褒成君霸以所食
邑八佰戶祀孔子
後漢光武建武五年破董憲車駕還幸魯使大
司空祀孔子
後漢明帝永平十五年東巡狩還過魯幸闕里
以太牢祀　先聖及七十二弟子作六代
樂親御講堂命皇太子諸王說經　帝時

升廟立群臣中庭北面皆再拜　帝進爵
而後坐大會孔氏男子二十以上者六十
有三人令儒臣講書十九代孫蘭臺令僖
因自陳謝帝曰今日之會寧於卿宗有光
乎僖對曰臣聞明王聖主莫不尊師貴道
今陛下親屈萬乘辱臨弊里此乃崇禮先
師增煇聖德至於光榮非所敢承帝大悦
曰非聖者子孫焉有斯言遂拜僖郎中賜
褒成侯并賜孔氏男女錢帛詔僖從還京
師令校書東觀

後漢章帝元和二年東巡狩進幸魯祀孔子於
闕里及七十二弟子賜褒成侯及諸孔男女帛
後漢孝安延光五年幸泰山祀孔子及七十二弟
子於闕里孔氏親屬及婦女悉會賜褒成
侯帛各有差
後漢靈帝建寧中給守廟百戶
晉武帝泰始三年詔魯國四時備三牲以祀孔
子太寧三年詔給奉聖亭侯孔亭四時祀
孔子祭宜如泰始故事
魏文帝黃初二年詔曰昔仲尼資大聖之才懷

帝王之器當襄世之末無受命之運乃退
考五代之禮脩素王之事因魯史而制春
秋就太師而正雅頌俾千載之後莫不崇
其文以述作仰其聖以成謀茲可謂命世
之大聖億載之師表者也今舊居之廟毀
而不脩褒成之後絕而莫繼闕里不聞講
頌之聲四時不覩蒸嘗之位豈所謂崇禮
報功盛德百世必祀者哉乃以二十一代議
郎羨爲崇聖侯邑百戶奉 先聖祀令魯
郡脩起舊廟置吏卒百戶以守衛之

後魏顯祖皇興二年以青徐既平遣中書令兼太常高允以太牢祀孔子太和十九年四月行幸魯城親祠孔子詔拜孔氏四人顔氏二人爲官又詔選諸孔宗子一人封崇聖侯邑一百戸以奉孔子之祀又詔兗州爲孔子起園栢修飾墳壟更建碑銘褒揚聖德

後魏高祖延興二年詔曰尼父禀達聖之姿體生知之量窮理盡性道光四海頃者淮徐未賓廟隳不立致令祠典寢頓禮章殄滅遂使女巫妖覡淫進非禮殺生鼓舞倡優

媟狎豈所以尊明神敬聖道者自今已後
有祭孔子廟制用酒脯而已不聽婦女合
雜以祈非望之福犯者以違制論其公家
有事如常禮犧牲粢盛務盡豐絜臨事
致敬令肅如也
宋文帝義熙上九年詔曰胄子始集學業彌興
自微言泯絕逝將千祀感事思人意有慨
然奉聖之後可速議繼襲於先廟地仍遣
爲營造依舊給祠官令四時饗祀闕里往
經寇亂黌校殘毀并下魯郡修復學舍采

召生徒昔之聖哲及一介之善猶或衛其墳壠禁其芻牧況尼父德表生民功被百代而墳塋荒蕪荊棘弗翦可蠲墓側數戶以掌洒掃魯郡上民孔景等五戶居近孔子墓側蠲其課役供給洒掃并種松柏六百株

南齊世祖永明七年詔曰宣尼誕敷文德峻極自天發揮七代陶鈞萬品英風獨舉素王誰匹功隱於當年道深於日月感麟歎世緬邈千祀川竭谷虛阜夷淵塞非但洙泗

湮淪至乃饗嘗之主前王欽仰憲宗修建廟
歲月延流鞠爲茂草今學斅興立賓京洪
規撫事懷人彌增欽屬可改築宗初舊在
奕塏量給營秩禮同諸侯奉聖之爵以時
紹繼
北齊顯祖武定八年下魯郡以時修治廟宇務
盡褒崇洪惠雅道大訓生民師範百王軌
儀千載世人斯仰忠孝攸出立功潛被至
德彌闡雖又祀遐曠而祧薦靡闕時祭舊
品秩以諸侯頃歲以來祀典零替俎豆寂

寥牲奠莫舉豈所以克昭盛烈永隆風教
者哉可式循舊典詳稽禮秩使牢餼備禮
欽饗兼申
梁武帝太清二年詔曰天子降靈體哲垂仁緯
義允光素王載闡玄功仰之者彌高誨之
者不倦立忠立孝德被蒸民制禮作樂道
冠群后雖泰山頹峻一簣不遺而泗水餘
瀾千載猶在自國圖屯阻祧薦不修奉聖
之門胤嗣殲滅敬神之寢簠簋寂寥永言
聲烈實兼欽嘆外可搜舉魯國之族以為

奉聖後并諸廟壹修祀典四時薦秩皆
遵舊
後周宣帝大象二年立後宋襲
隋煬帝大業四年詔曰先師尼父聖德在躬誕
發天縱之姿憲章文武之道命世膺期蘊
茲素王而頹山之歎忽踰於千祀盛德之
美不存於百代永惟懿範宜有優崇可立
孔子後為紹聖侯有司求其苗裔錄以申上
唐神堯高祖武德二年立孔子廟于國子監
唐太宗正觀十一年給先聖廟戶二十以長[illegible]

唐高宗乾封元年封禪還京途經曲阜親幸祠
廟追贈先師為太師其廟宇制度卑陋宜
加修造仍令三品一人以太牢致祭其子
孫並免賦稅其年十二月 上遣司稼正
卿扶餘隆以太牢之禮致祭于 先聖其
祭文曰維神玉鈎陳貺靈關四肘之源金
景流積慶洛河三命之乾神資越誕毓山岳
及騰文天縱攸高蘊河海而標狀挹由六
藝宣劉九流睿乃生知殊非外獎於是考
三古襃一言刊典謨定風化茲勸之容書

備鐘鼓之音載和父子之親君臣以睦萬
邦煥乎樂三雅頌各得其所可不謂至至至
矣朕以寡德嗣膺神器式崇祇配展義云
亭壹周禮之尚存悲素王之獨往於熙林
泗如指清闕[illegible][illegible][illegible]俄聞金奏昌門更
肆徒有生爾之儀[illegible][illegible]奐非復祥萍之
賓慨然不已爰贈太師堂宇卑陋仍令脩
造襃聖子孫闔門勿事庶能不遺百世助
損益之可知永鑒千年同比肩而爲友輩
陳非冀用旌不朽

唐則天神龍元年以鄒魯百戶爲隆道公采邑
以奉歲祀子孫世襲襃聖侯
唐中宗神龍元年以三十四世孫崇基取鄒魯
之邑百戶收其租稅用爲享薦
唐睿宗太極元年以兗州隆道公近祠戶三十
供洒掃
唐明皇開元十三年封禪迴幸孔子宅遣使以
太牢祭其墓給復近墓五戶令天下州縣
立廟賜一百二戶洒掃充春秋祭奠因廟之本
廟仍每代長子一人承襲兼賜一子官

開元二十七年封文宣王遣三公持節冊
命令譔儀注者緣司公面南夫子西坐今位
既有殊坐豈仍舊諸其齊坐與永作常式自
今以後夫子南面坐內出王者衮冕以
衣之
唐憲宗元和十三年復置洒掃五十戶十五年文
宣王家子一子官
唐武宗會昌五年有事于南郊文宣王後子一
子出身
唐宣宗大中元年有事于南郊文宣王後子一

子官復封百戶充春秋享奠
唐懿宗咸通四年以四十代振實封百戶洒掃
陵廟五十戶
唐僖宗乾符二年有事于南郊文宣王後子一
子官
唐禮樂志三曰廉及注其褒聖侯若在朝朝叅
文官三品下
後周高祖廣順二年親征慕容彥超至兗州城
將破夜半夢一人狀甚魁異被王者服謂
高祖曰陛下明日當得城及覺天猶未旦

高祖私自喜曰夢兆如此可不務乎因躬督將士戮力攻城至午而城果陷車駕既入有司請從王方鳴鞘而進因取别巷轉數曲偶過夫子廟帝意豁然謂近侍曰寡人所夢殆夫子乎不然何取路於此因駐蹕升堂瞻禮聖像一如夢中所見者高祖大喜因叩頭再拜進曰或謂天子不當拜異世陪臣高祖曰夫子聖人也百王取則而又以夢告寡人得非夫子幽贊所及耶安得不拜因幸闕里復再拜乃留所御酒

器銀爐等於廟及幸孔林又拜之墓前石壇乃唐封禪之壇也二百年間絶東封之禮洙泗之上無鸞和之音高祖以武功之餘特枉鸞焉顧謂近臣訪孔子之後或對以四十三世孫前曲阜令襲封文宣公仁玉者乃召見奏對慰劉面賜章服及白金器絲等仍以廟側五十家爲洒掃戶及勅兗州修葺祠廟林墓

本朝

太祖皇帝建隆[illegible]賜[illegible][illegible]贊曰

三遷下逮　又見聳靈　尼挺生
河海摞異　祖述堯舜　有德無位
哲人其萎　鳳鳥不至
建隆三年詔　文宣王四十四代孫宜僞制令立戟十六枚
太宗皇帝因四十四代孫宜入覲顧問孔氏歷
世之數具以實對上謂左右家世有如此
者特遷贊善大夫襲封文宣公略其誥云
朕以夫子之聖其道猶天睠彼裔孫宜其
嗣襲況聞爾服勤素業砥礪官常乃諭善
於東宮仰增榮於闕里勉遵家法以荷國恩

興國三年詔免本家稅租先是歷代以聖人之
後不預庸調顯德中遣使均田遂抑編戶
至是特免
眞宗皇帝至道三年九月詔四十五代孫許州
長葛縣令延世上疏論以家門故事授曲
阜令襲封文宣公詣恭謝上見長吏以公
爵坐面賜襲帶中金器物及賜 太宗御
書并九經書等悉是監本丞方演言兗州
西曲阜縣文宣王廟有書樓而無典籍請
賜九經及 先帝御書量給祭器並從之

景德四年[illegible] 文宣王四十六世孫聖祐同學究
出身又詔变用舊以七户守孔子墳宣增
至二十户
大中祥符元年五月勅每日破乳香一分焚燒
八月准 勅今年十一月有事于泰山其
文宣王四十六代孫聖祐許於京宮後陪
位上月准 勅告報
皇帝封禪畢駕至兖州曲阜縣謁
先聖廟其文宣公伯叔兄弟子姪並許陪位
勅朕以紀号岱宗觀風廣魯載懷先聖實

主斯文矧尼丘毓粹之區光靈可挹而曲
阜奉嗣之地廟貌猶存將伸款謁之儀用
表欽崇之禮取十月一日幸曲阜縣備禮
躬謁祥符元年十月二十七日下

十一月一日幸曲阜縣謁先聖廟廟內外
設黃麾仗上服靴袍行酌獻之禮宰
臣暨三品以下文武百官各立班於殿庭
孔氏宗屬並陪位有司定儀當肅揖
上特再拜以罄盡奉之意百官皆拜
帝斂衽北面肅瞻睟容乃覽廟宇制度

嘉𦾔之之立嚴之西事三孔氏二孫撫諭
周繳又辛叔華大夫堂事四十四代孫延
祐延遲延魯延齡聖曆各究出身四十六
代孫聖祐授太常寺奉禮郎以別居四十
四代孫謂賜同三傳出身面奉 聖旨
許造酒以供祭祀詔加謚至聖文宣王祝
文特進名并修葺祠廟其廟內制度本宇
典禮因謚改正更給近便十六戶以奉塋廟
仍差官以太牢致祭宣賜孔氏銀二百兩
帛三百疋錢三十萬俵賜諸房又 賜田

百頃又 詔廟内常用祭器或壞可盡易之
十一月三日 敕至聖文宣王父叔梁紇更追
封齊國公母顏氏追封魯國太夫人 又
敕伯魚母追封鄆國夫人 又敕賜
御製贊
御書并篆額若夫檢玉介丘迴輿闕里緬
懷于 先聖躬謁于嚴祠易俗化民既仰師
於彝訓宗儒重道冝登峻于徽章增厲崇
名聿隆明祀思形容於儀範爰刻鑴於斯
文讚曰

立言不朽　垂教無疆　聿懋令德
偉哉素王　人倫之表　帝道之綱
厥列茂實　其用允臧　升中既畢
褒典載揚　洪名有赫　懿範彌彰
大中祥符元年十一月一日奉
勅御書院模勒刻石
加謚玄聖文宣王祭文
維大宋大中祥符元年歲次戊申十一月戊午朔
四日辛酉崇文廣武聖明仁孝皇帝御名謹
遣推誠保德功臣光祿大夫行吏部尚書

上柱國清河郡開國公食邑一千戶食實
封八百戶張齊賢致祭于 玄聖文宣王
朕以有事岱宗畢告成之盛禮緬懷闕里
欽設教之素風躬謁奠于嚴祠特褒崇于
懿號仍令舊相載達精誠聊薦吉蠲用遵
典禮以兖國公顏子等配尚饗

追封兖國公勑

勑朕祗陟岱宗親巡魯甸之壤 先聖之
德躬造闕里之庭奠獻周旋載崇備至惟
降靈之所自孟孫喪之宅西像設具存名

稱斯闕宜加追命以褒典章敍祭紀可追

封齊國公顏氏可追封魯國太夫人大中祥符

元年十一月三日下

追封鄆國夫人勅

勅朕因巡魯國祀謁孔堂顧風敎之所宗

舉典章而就經奄惟令淑作合聖靈載稽

策簡之文尚闕崇褒之數屬茲咸秩特示

追榮垂厥方來式昭遺懿并官氏可追封

鄆國夫人仍令兗州差官往本廟祭告大中

祥符元年十一月十一日下

大中祥符二年遣入内内侍省殿頭張文質賫
勑賜　太宗皇帝　御製書一百五十七
卷軸并内署金渡器物等并九經三史及
疏釋文及群書　文宣王廟供養器物金
渡銀香合并香案香爐鈔罩綃金帕　[illegible]複等其
所賜書　今本州差儒主講説
賜書并賜塗金　[illegible]等[illegible]
勑國子　尊崇師道啓迪　[illegible]鄒魯之
邦是曰　詩書之國尼山　[illegible]
以登歆　告成廻鑾欵謁　[illegible]

纘禮以有加式詒誨於二三言豈全盡圖意之

旨宜以所賜 太宗皇帝御書與

九經書疏正義羣文及書籍等並置於廟

中書樓上委本州長吏選官與孔子孫

令佐等同共主管在廟如有講說釋奠並

須以時出納勿令損污此

敕文仍仰刊之于石昭示無窮

大中祥符二年春賜 先聖冕服等易以玉珪

先是以木爲之故也

祥符二年二月四十五代孫殿中丞知曲阜縣

名祀廟諱請先聖廟創立學舍從之仍許就齋
聽講說
大中祥符二年五月追封　孔子幷弟子兖國
公顔子等下詔曰朕　乃考封禪䖍昭列
聖之鴻勲崇德報功廣百王之彝範洎言
旋於闕里遂躬謁於魯堂瞻河海之姿睟
容穆若出於洙泗之上高風凜然昰崇典之
有加期斯文之益振由是推恩世胄賜錫
其寵章秩在祠庭廣增其奉邑念世與天
道德冠生民議蓋玄聖之名冀尊崇師之

禮兼朕親製以表崇儒至三十四科鉅賢並超五等七十達者悉增列侯仍命宋察分紀遺烈式盡褒揚之旨庶資善誘之方宜令中書樞密院三司兩制丞郎待制館閣直館校理分撰贊以聞又詔曲阜縣謁文宣王廟日從官並於廟内立石刻名

天禧二年五月

勑委本州於本城内選差兵士四十人負寮一名於本廟巡宿守把防護官物一年一替并委轉運司於轄下州軍有衣甲器

械匭約度合銷分數支與本廟

天禧五年奉

聖旨下轉運司支破官錢差撥兵士工匠修

葺本廟乃以天子之後選差朝官一人是時

傳文父中書方任太常博士破選監修因

乞封禪社闕餘材皆二樣禮擇之屬自是

殿宇益加宏壯

仁宗皇帝慶曆四年三月

敕於本縣守等人戶內差廟戶五十人充

本廟洒掃諸般祗應

嘉祐六年
御飛白書殿牓并金字篆額差入內內侍
省西頭供奉官劉湜高品楊安道押賜
盛以綵樓差輦官三十人并親事官一匠
等共五十一人置於本廟遂州令官吏以
鼓吹僧道奉引
工初寫牌巾幞而書其尊師重道如此是
時傳先公文清先生宰鄉邑因進詩百韻
稱謝轉運使秘閣校理張師中亦進寶文
耀文歌

御祭文

維嘉祐六年歲次辛丑三月甲申朔十九日壬寅 皇帝謹遣通判兗州田洵敢昭薦于至聖文宣王惟王淵聖難名誠明易稟敷厥雅道大闡斯文生民以來至德莫二教行萬世儀比一王闕里之居祠宇惟煥邇瞻墻仞邃仰門扉舊于飛潦之蹤新茲標牓逸制命工庀事推策清辰敢議形容盖伸崇奉仰惟降格遠冀鑒觀尚饗

神宗皇帝元豐元年十月詔兖州當以省錢修
葺宣聖祠廟先是州縣憚于申請廟久不
修且壞榱棟傾嘉人不堪憂至是始獲完
葺祠廟一新以省錢修遂爲定制
五年十一月賜度牒三十本給兖州修 孔子
廟及於本路差雜役兵士工匠等運司奏
委四十七代孫沂州新太縣令若升監修
七年五月詔自今春秋釋奠以鄒國公孟子配
食文宣王設位於兖國公之次荀況揚雄
韓愈以世次從祀於二十一賢之間並封伯爵

哲宗皇帝元祐元年因四十六代孫朝議大夫

試鴻臚卿宗翰奏請及臣僚上言儒廟闕

典奉

聖旨令禮部太常寺同共詳定典禮下項

一合襲封衍聖公著與除一有料錢寄

祿官（如已係幕職州縣官即與改合入官）專以主奉

先聖祠事爲職添支供給隨本資

序每三年理一任用本路及本州

按察官吏薦舉依逐新格關陞資任

如朝廷非次擢用許依舊帶公

爵令以次合襲封人權主祠事

一添賜田一百頃使其家依舊原例自

召人戶耕種更不得用職田制撥

之法

一依舊法差灑掃戶五十人看林戶五

人並依役人法別差剩員每一番

十人充衍聖公白直

一賜田所入供給祭祀外修立則例均

贍族人置籍出納委本縣官一員

與衍聖公并本家尊長通簽

一賜監書一本置教授官一員於學到學
官人内差或委本路監司保舉有行
義人充令教諭本家子弟内舉人依
本州學正例優與供給如鄰近鄉人
願從學者聽

一衍聖公每遇　親祀大禮及冬正朝會
許赴闕陪位

一交衍聖公盡奉聖公及乞刪定家祭冕
服等制度頒賜俾遵奉施行

紹聖三年奉

聖旨下轉運司於條省錢內支錢三千貫
修宇本廟及於本路差雜役兵士工匠等
運司奏委四十七代孫宣德郎襲封奉聖
公若蒙監修
元符元年奉
聖旨下本家衆議選擇近里守分人承襲
據四十六代孫宗壽等保明四十七代孫
前湖州歸安縣主簿若虛堪充襲封仍乞
後來若虛身殁之後亦别行選擇不必子
繼所貴留意祖廟敦睦族人奉

聖旨依奏改合入官襲封奉聖公專一奉
祠事先是以襲封若兼監修祖廟奪爵故
有是命自選擧之法行族人皆務修蘊聞
有登科預薦者鄉人以爲 朝廷激勸之
效云

太上皇帝崇寧元年追封孔氏二代三代

右追封二代

勅孔鯉孔氏之道萬世所宗鯉實嗣之親
聞詩禮嘗堂從享厥有舊典宜以爵封以
示襃顯可特封泗水侯

右追封三代

勑孔伋聖人之道孟氏之師作爲中庸萬世宗仰眷惟魯郡實有舊祠追加爵封以示襃典可特封沂水侯

二代三代並無祠堂元豐五年四十七代孫若升益修祖廟因輟已俸創建至是追封爵侯

崇寧三年十一月十四日奉

聖旨至聖文宣王之後特與親屬一名判司簿尉令孔若虛具名聞奏今後事故即

最長人承繼
右劄付孔奉議崇寧三年十一月十三日蔡
鄧張
崇寧三年據襲封保明四十六代孫宗哲係本
家最長奉
聖旨特堂差興仁府乘氏縣主簿
勑進士孔宗哲朕欽崇先聖廣其世恩爰
俾若虛以名來上錫汝一命·往其欽承
崇寧三年十一月十六日
勑司封供到文宣王之後襲封條貫下項

一文宣王之後世以長子承襲封衍聖公

未有言者除判司簿尉

一文宣王之後常聽一人注兖州仙源縣官

一元祐元年十月五日

勅節文禮部太常寺奏朝議大夫試鴻

臚卿孔宗翰奏今有本家之事上繫

朝廷典禮須至開陳十二月三日三

省同奉

聖旨依奏內白身合襲封奉聖公者

除承奉郎改衍聖公為奉聖公及別

定家祭冕服等制度須降俾遵奉施行
一崇寧三年十一月四日奉
聖旨文宣王襲封人改封衍聖公今後
襲封除承奉郎襲封衍聖公每遇元會
大禮陪位班在太常少卿之下
四十八代孫端友白身除承奉郎
襲封衍聖公告
勅至聖文宣王四十八代孫孔端友自
書契以還爵于朝者多矣未有傳世四
十有八而不絕者也惟爾文宣王之後

序當承襲宜錫文階併示寵渥往加恪

慎務保厥榮可

大觀元年奉

聖旨下太常寺考正文宣王廟像冠服

制度冕十二旒服九章五章在衣（山龍華蟲）

（火虎蜼）四章在裳（藻粉米黼黻）歷朝以先聖與

門人通用袞服至是始服王者之冕以

周官并王荆公詩書禮義説爲正

大觀元年十二月初十日奉

聖旨不許採斫林木立賞錢十貫許人

告捉
政和元年奉
聖旨 至聖文宣王改執鎮圭
至聖文宣王廟舊立十六戟今立二十四
戟又
聖旨 至聖文宣三廟內曾參等所封
侯爵與宣聖名同甚失弟子尊師之禮
改封者八人
政
和元年奉
聖旨下轉運司於係省錢內應副修学

本廟及於本路諸州軍差雜役兵士二
匠和雇百姓修造運司奏委四十八代
承奉郎襲封衍聖公端友監修
政和二年
朝廷頒降少府監鑄到至聖文宣廟銅
朱記一顆
政和四年四十七代孫文林郎舒州司户曹
事若谷乞依辟廱大成殿頒降殿額二
月初二日奉
聖旨依所乞其牌令後苑造

御前生活所製造蔡京書寫章不奉言者已有遵

政和四年承奉郎襲封衍聖公孔端友乞

依諸路額降大晟新樂許內外族人及

縣學生藏使肄習以備釋奠家祭使用

二月十七日奉

聖旨依所乞

政和六年五月差四十七代孫宣教郎監

系劑西商門若谷押賜大樂禮器付本廟

宣和三年十一月奉

聖旨孔端友特轉通直郎無主和周祁

許就任關陞以示崇獎奉
勑宣義郎襲封衍聖公管勾先聖廟
孔端友宣聖古今師也由百世之後尊
百世之王始未有能述之者朕既法其
言尊其道思以表石者以為未也又錄
其後裔以褒大之爵先聖之系敘官東
魯積有年矣通籍金閨陞華芸閣以示崇
獎汝尚勉哉可
宣和四年二月二十一日奉
聖旨孔若采係本家白身最長人與補

迪功郎令吏部差充興仁府濟陰縣主
簿替韓元穎年滿闕奉
勑孔若采爾　先聖之後恩禮宜優具
載彝章肆頒命秩祗膺茂渥往謹官箴可
宣和四年三月二日
車駕幸太學賜
御製　至聖文宣王贊
太學教養多士嚴奉　先聖之殿室之崇祀作
而新之命駕奠謁系之以贊曰
厥初生民　自天有造　百世之師

立人之道　有彝有倫　垂世立教
爰集大成　千古允蹈　乃嚴斯所
乃瞻斯宮　瞻彼德容　云孰不宗
車駕幸學奠謁畢特錄四十八世孫外舍生
端朝賜上舍出身先是　朝廷下太學供具
至聖文宣王後在學之人數是時獨端朝以
外舍生在學　駕幸學日　上御敦化堂
近侍進呈端朝姓名金口宣諭爲是聖人子
孫特賜上舍釋褐臚傳　聖語縉紳驚歎
以謂　天子尊師卹後超越古今　先聖

子孫榮遇如此

今上皇帝紹興二年勑送到吏部狀承都省批下

本部徽州申據龔慶府免解進士孔瓚乞

承繼判司簿尉事後批送吏部限兩日重

别勘當申　尚書省本部行下太常寺去

後據本寺申會到本家尊長孔傳狀稱瓚

係白身最長之人在外處别無白身最長

合承繼恩澤文本寺看詳孔瓚依得宗支

及從來體例合承繼恩澤今取自

朝廷指揮閏四月二十三日三省同奉

聖旨依太常寺所申孔璜依例與補廸功

郎令吏部與差判司簿尉

紹興二年六月內准

尚書省劄子勘當昨大觀年四十八代孫端

友承襲淮　告特授承奉郎襲封衍聖公

權發遣郴州到任因患身亡推次四十九代

孫玠合行承襲蒙下本家尊長四十七代傳

保明申　尚書省本部尋行下太常寺去

後據太常寺申看詳本家宗支圖子其襲

封衍聖公孔端友止有庶子玠今來合襲

襲封衍聖公今來本寺所申伏乞　朝廷
詳酌施行閏四月三日三省同奉
聖旨依太常寺所申孔玠依例與補承奉
郎襲封衍聖公奉　勅　至聖文宣王四十九
代孫孔玠夫子之道高於堯舜澤及萬世
肆于三司嗣立崇獎報稱有恭典與聖子命爾
紹于世封惟欽惟慈期無墜命可特授承奉
郎襲封衍聖公　五月五日下
嗣襲封爵弘攺
襲封晉國文信君

秦封魯國文通君

漢高祖封奉祀君

漢平帝元始元年改封褒成侯

後漢明帝永平四年改封褒亭侯

魏黃初元年改封崇聖侯

晉武帝太始三年改封奉聖亭侯

宋文帝元嘉三年改封崇聖侯

後魏文帝延興三年封崇聖大夫

後魏孝文帝太和九年改封崇聖侯

北齊文帝天保元年改封恭聖侯

後周宣帝大象二年封鄒國公
隋大業四年封紹聖侯
唐太宗正觀十一年封褒聖侯
唐玄宗開元二十七年封文宣公
本朝仁宗皇帝改封衍聖公
本朝哲宗皇帝元祐年改封奉聖公
太上皇帝崇寧三年復改封衍聖公
仁廟朝改衍聖公云
孔子之後以爵號寵顯世世不絕者其來遠
矣自漢元帝封其爵為褒成君以奉其子至

平帝時改奉褒成侯爲追謚孔子爲褒成宣
尼公褒成其國也宣尼其謚也公侯其爵也
後之子孫雖更改不一而不失其義至唐開
元中始追孔子爲文宣王而等以王爵封其
嗣褒聖侯爲嗣文宣公孔氏子孫去國名而
襲謚號禮之失也蓋由此迨朕稽考前訓博
訪群議皆謂宜去漢之舊革唐之失稽古正
名於義爲允朕念先帝崇尚儒術親祀闕里
而始加至聖之號務極尊顯之意肆朕纂臨
繼承先志尊儒重道不敢失墜而正其後

擇人奉祀傳曾祖侍郎自牧方任殿中丞
自廣倅乘驛赴闕召對稱刺淮表叙述家
世際會之幸因授五品服知曲阜令止以
本朝任鄉官者具列于後
寶元元年四十四代孫自牧任秘書監
主管陵廟自後本家最長人任鄉官
者皆帶主管陵廟
仕周廣順三年歷　聖朝任兗州曲阜
縣令襲文宣公
宜寧熙三年任兗州曲阜縣令襲文宣公

延世至道三年任兗州曲阜縣令襲文
宣公
[名祀廟諱]祥符二年以殿中丞知曲阜縣
自牧祥符六年以屯田員外郎知曲阜縣
道輔祥符九年以大理寺丞知曲阜縣
又天聖二年以太常博士奉
勅監修祖廟
聖祐天聖三年以太子贊善大夫襲文
宣公知仙源縣
良輔天聖五年任兗州仙源縣主簿

彥輔天聖八年任仙源縣主簿

自牧景祐元年以太常少卿提舉仙源

縣景靈宮太極觀

道輔景祐二年以龍圖閣直學士右諫

議大夫知兗州

又景祐三年以龍圖閣直學士給事

中起復知兗州

自牧寶元元年以秘書監分司南京主

管祖廟

宗愿康定元年以國子監丞襲文宣公

知仙源縣
又慶曆三年以大理寺丞襲文宣公
再任知仙源縣
宗亮慶曆五年以將作監丞知仙源縣
彥輔慶曆八年以衛尉寺丞知仙源縣
宗翰嘉祐元年以秘書省著作佐郎知
仙源縣
淘嘉祐四年以屯田員外郎知仙源縣
宗壽治平四年任兗州仙源縣主簿
宗翰熙寧三年以尚書屯田郎中提點

京東刑獄

若蒙熙寧三年任兗州仙源縣主簿龔

奉聖公

宗翰熙寧十年以尚書都官郎中提點

京東刑獄

若升元豐元年任兗州仙源縣主簿

又元豐三年更

勑以沂兗新太縣令監營祖廟

宗翰元豐元年以朝議大夫知兗州

若古元祐四年任仙源縣主簿改名傳

又元符八年任仙源縣尉

宗壽崇寧元年以宣德郎知仙源縣

若谷大觀二年以承事郎行仙源縣丞

傳政和五年以朝奉郎任京東路轉運

司管勾文字

宗哲大觀二年以從事郎任兗州觀察

推官

又政和三年以從事郎就差仙源

縣丞

端節宣和元年以宣教郎特差京東路

轉運司勾當公事

壚宣和五年以通直郎任仙源縣丞

端閒靖康元年以廸功郎改差仙源縣丞

東家雜記下

右朝議大夫知撫州軍州事兼管內勸農使仙源縣開國男食邑三百戶借紫金魚袋孔傳編

先聖廟　杏壇
後殿　檜柏
廟中古碑　廟外古跡
齊國公墓　墓中古碑

先聖廟

廟在曲阜縣西三里西遶魯城二百餘步

即先聖舊宅魯恭王聞金石絲竹之地也
累朝東封告成行幸儒廟皆駐蹕于此

手植檜

先聖手植檜三株兩株雙立
御贊殿前各高六丈餘圍一丈四尺其一在
杏壇之東南高五丈餘圍一丈三尺晉永
嘉三年枯死至隋義寧元年復生唐乾
封二年又枯至本朝康定年一枝復生

杏壇

先聖殿前有壇一所即先聖教授堂之遺

址也昔漢鍾離意為魯相出私錢萬三千
文付戶曹孔訢修夫子車身入廟拭机席
劍履男子張伯除堂下草土中得玉璧七
枚伯懷其一以六枚白意意令主簿安置
几前孔子教授堂下牀首有懸甕意召訢
問荅云夫子甕也背有丹書人莫敢發意
曰夫子所以遺甕欲以垂示後人因發之
得素書文曰後世修吾書董仲舒護吾車
拭吾履發吾笥會稽鍾離意璧有七張伯
懷其一意即召問伯果服焉後叢顯宗東

巡幸孔子宅亦嘗親御於此命皇太子諸
王說經於堂上後世因以爲殿本朝乾興
間傳大父由曩監修祖廟因增廣殿庭移
大殿於後講堂舊基不欲毀拆即以甎甃
爲壇環植以杏魯人因名曰杏壇
後殿
鄆國夫人并官氏殿昔爲先聖燕居之堂
魯人相傳云孔子將亡遺秘書曰後世一男
子自稱秦始皇上我堂踞我床顛倒我衣
裳至沙丘而亡始皇至魯觀孔子宅至沙

丘而崩又按世家孔子卒諸儒講禮鄉飲酒大射於孔子家其所居堂後代因立爲廟藏孔子衣冠琴瑟車書至漢二百餘年不絶昔太史公嘗適魯觀孔子廟堂車服禮樂諸生習禮其家以至低回留之不能去云漢景帝時魯恭王好治宮室壞孔子舊宅以廣其宮聞金石絲竹之聲乃不敢壞於其壁中得古文經傳此其地也

先聖小影

家譜云先聖長九尺六寸腰大十圍凡四十

九表反首洼面月角日準手握天文足履度字或作王字坐如龍蹲立如鳳跱望之如仆就之如昇耳垂珠庭龜脊龍形虎掌胼脇參膺河目海口山臍林背翼臂蔚唇注頭隆鼻阜眼提眉地足谷竅雷聲澤腹昌顏均頤輔喉駢齒眉有一十二采目有六十四理其頭似堯其顙似舜其項類皐陶其肩類子產自腰以下不及禹三寸背有文曰制作定世符運今家廟所藏畫像衣燕居服顏子從行者世謂之小影於

聖像爲最眞近世所傳乃以先聖執玉麈據曲几而坐或侍以十哲而有特榜蓋捧玉磬者或列以七十二子而有操弓矢披卷軸者又有乘車十哲從行圖皆後人追寫殆非 先聖之眞像闕里廟學教授尹復臻嘗作小影贊云夫子之象其初熟傳得於其家幾二千年仰聖人之容色瞻古人之衣冠信所謂溫而厲威而不猛恭而安若夫其道如神其德如天則自民以來未有如夫子盡無得而名言世之所傳非

小影畫像皆爲褒衣唐劉禹錫作許州新廟碑謂堯頭禹身華冠像佩之容取之自鄒魯即今之所傳小影是也

廟栢

先聖廟庭舊有栢二十四株歷漢晉其大合抱有二株先倒折魯人莫敢犯宋文帝時江夏王義恭出鎮彭城悉遣伐之父老爲之嘆息及義恭被害剖折支體挑取目睛以蜜漬之爲鬼目粽時人以爲伐木之報也迄今廟庭松檜多而栢少

廟中古碑

後漢碑三

元嘉三年孔子廟置百戶吏卒掌領禮器

碑鍾繇隸

永壽二年魯相韓勅乞復顏氏并官氏繇

碑有碑陰並隸

建寧二年魯相孔晨奏出本家穀祀夫子

有碑陰並隸

魏碑三

黃初二年制命孔子二十一世孫羨爲崇聖

侯奉家祀碑碑乃陳思王曹植詞梁
鵠書鍾繇鐫字故世謂之三絶鍾繇
鐫字皆妙於篆籀故繇方得鐫
後魏正光三年兖州百姓爲太守張猛龍立
清德頌碑
東魏興和二年兖州刺史李仲琁修孔子
廟碑諸士人爲立
齊碑一
隋碑二
乾明元年夫子碑隸書磨滅字不可讀

大業七年曲阜縣令陳叔毅修夫子廟記
隸書仲孝俊文
九年太學博士何間劉炫撰并書

唐碑十四

乾封元年贈太師魯元聖孔宣尼碑崔行
功文孫師範隸武德詔乾封詔儀鳳
二年祭文并隸於碑陰
開元七年孔子廟碑李邕文張庭珪隸
開元二十八年曲阜縣令張之宏爲文宣
立自撰鄒邕書

咸通十年孔子三十九世孫魯國公温裕
乞出私俸修廟記賈防文
貞元十四年任要謁夫子廟詩
長慶三年崔濤謁先師言
天寶元年兖公頌張之宏譔包文該書
景福二年臧黄巢紀功碑
大和五年李虞題名
大和七年兖州刺史李文悦謁夫子文
長慶元年任畹訪古於齊魯謁先師題名
會昌元年兖州刺史李玭題名

會昌六年兗州刺史高承恭題名

咸通十年兗海節度使曹翔題曲阜宣聖廟記

本朝 御製書

眞宗皇帝 先聖

御贊并從官分撰七十二賢贊

大中祥符二年賜

太宗皇帝 御書并監書器物勑

廟外古跡

魯城周回九里三十步在之西南隅即孔子之

舊宅昔魯人叟逸云 兵革至於魯畫州過仲

尼七十子從遊二指及歸塗賓告魯公葉
城以備寇魯人歸之以告魯侯魯侯以為
誕俄而群蟻數萬銜土培城魯侯始信乃
城曲阜訖而齊寇果至此其所以為靈也
事載十六國春秋其說神異雖先
聖之所不語然魯人尚能言之所
謂疑則傳疑者于是亦綴而不遺
廟東南二里魯城高門之外曰兩觀周回各四十
步高一丈一尺東西相去一百步昔先聖為
魯司寇攝行相事於是朝政七日而誅亂

政大夫少正卯戮之於兩觀之下者是也
廟東三十里有山曰防山周回八里孔子三歲而
叔梁紇卒乃葬於防山孔子母死殯于五
父之衢鄹人輓父之母告孔子父墓然後
往合葬於防焉
廟東南四十里有山曰尼丘山周回一十三里叔梁
紇與顏氏禱於尼丘而 先聖生生而
首上圩項如尼丘山頂之圩
宋朝封山神為毓聖侯今山西有 先聖
祠殿并毓聖侯廟在焉

皇祐二年封毓聖侯勅

勅元聖發祥寔自東魯雖天之生德蓋云默定岳之參神實應精禱兗州泗水縣尼丘山崇崗秀穹雲雨所出儲祉詒于商後孕全氣于孔聖挺誕睿哲為萬代師當崇五等之封俾共四瀆之秩列于祀典以永神休依司奏書往申昭告宜特封毓聖侯仍令本州差官往彼祭告破係省錢增葺祠廟即不得科率差擾及仰造本廟牌額安掛春秋差官致祭其廟東封王欽若言

祭文宣王尼丘山上有紫雲氣長八九丈
詔遣入内殿頭楊懷玉祭謝
廟東南五十里有山曰顏母山周回一十里高三
里乃叔梁大夫與顏母禱於尼丘嘗遊此
山而生先聖後魏地形志亦言魯縣有顏
母祠堂迄今尚在
廟東南五里曰五父衢昔　先聖母殯于五父
之衢者此其地也
廟北五里曰　先聖墓塋泗水歷其北泗水由
其南皇覽云諸弟子奇舍共寠藕春周訖

王三十六年孔子自衛反魯於此刪詩序書
定禮樂繫周易至周敬王二十八年魯人
西狩獲麟而作春秋因曾參孝行以纂筆
而作孝經二經既成孔子於此堂下齋戒面
北斗而拜告備于天紫微子是降光于此堂
魯記所載孔子講堂者是也昔漢光武東巡
過魯坐孔子講堂顧指子路室謂左右曰此
吾大僕之室也今學已廢遺址存焉
廟西南一百二十步有圃曰矍相周回二里高一丈
昔孔子射於矍相之圃觀者如堵焉晉太

康志亦曰瞿相在魯城内縣西南近孔子
宅是也今圃中猶存舊井皆陶瓦爲之

廟東有廢井圍五丈二尺深八十尺以石爲之昔
季桓子穿井得缶中若羊問　先聖云得狗
先聖曰以丘所聞羊也木之怪夔罔魎水之
怪龍罔象土之怪羵羊也

廟西南二百步魯城有門曰歸德世傳四方諸
侯慕　先聖之德而至多入此門故魯人
因以名之

廟東南二里魯城有門曰高門昔齊人選女子

衣文衣而舞康樂文馬三十駟遺魯君
陳於高門外季桓子微服往觀孔子因其
三日不聽政郊不致膰俎於大夫遂行適衛

廟東南二里魯城有門曰端門孔子將殁謂子
貢曰端門當有血書子貢往候之果有血
書云趨作法孔聖殁周姬亡彗東出秦之
滅胡亥術書旣散孔不滅子貢以告孔子
趨而觀之化爲赤烏飛去

廟南十里魯縣有二石闕曰闕里蓋里門也後漢
董憲裨將屯兵於魯侵害百姓明帝乃拜

鮑永爲魯郡太守永到大破之惟別帥彭豐等不肯下頃之孔子闕里無故荆棘自除從講堂至於里門永異之謂府丞及魯令曰方今危急而闕里自開豈夫子欲令太守行禮助吾誅無道也乃會人衆修鄉射之禮請豐等共觀視欲因此擒之豐等亦欲圖永乃持牛酒勞饗而潛伏兵器永覺手格殺豐

齊國公墓

孔子生二歲而叔梁大夫卒葬於防孔子

之母既殯于五父之衢[illegible]二葬焉鄹人
輓父之母誨孔子父墓孔子曰古者不祔葬
爲不忍先死者之復見也詩云死則同穴自
周公以來祔葬矣故衛人之祔也離之有以
閒焉魯人之祔也合之美夫吾從魯遂合
葬於防曰吾聞之古墓而不墳今某也東
西南北之人不可以弗識也吾見封之若
堂者矣又見若坊者矣又見覆夏屋者矣
又見若斧形者矣吾從斧者焉於是封之
崇四尺

祖林古跡

先聖墓

孔子歿公西赤爲之識及掌其殯葬焉唅以踈米三貝襲衣一十有一稱加朝服一冠章甫之冠珮象環徑五寸而綦組綬桐棺四寸栢椁三寸葬魯城北泗水上藏入地不及泉而封爲偃斧之形高四尺樹松栢爲誌焉既葬有自燕來觀者舍於子夏氏子貢謂之曰吾亦人之葬聖人非聖人之葬人子奚觀焉昔夫子言曰吾見封若夏屋

者見若斧者從若斧者也馬鬣封之謂也
令徒一日三斬板而以封尚行夫子之志
而已何觀乎哉皇覽亦曰孔子冢去古
城北一里冢塋百畝南北廣十步東西三十
步高一丈二尺如鳥卵馬鬣今周圍增廣
五十餘步高一丈五尺昔孔子修春秋製
孝經既成齋戒面北斗而拜告備於天
乃有赤虹自上而下化爲黄玉有刻文孔
子跪而讀之其辭曰孔提命作應法孔子
卒以所受黄玉葬焉弟子魯人往從冢而

家者百有餘室魯世世相傳以歲時奉祀

先聖冢

二代三代墓

二代伯魚墓在　先聖墓之東十步

三代子思墓在　先聖墓之南十步商人

尚右故也　眞宗皇帝幸孔林顧問二冢

子孫對以伯魚子思墓　上太息躊躕而退

祠壇

先聖歿弟子於冢前以瓴甓爲祠壇方六

尺至後漢永嘉元年魯相韓叔節始易之

以石今壇石四面皆歷代題名歲久漫滅
字不可識

駐蹕亭

眞宗皇帝東封回駕幸闕里顧問 宣聖
冢墳何在子孫引導鑾輿躬至孔林奠謁
畢坐墳北亭上宣兩地及兩制賜茶亭有
古碑字多殘缺 上命 詞臣拂蘚辨認盤
桓久之

輦路

眞廟駕幸 聖林以林木擁道降輿乗馬

至　宣聖墳設奠再拜今自林前直趨駐
蹕亭有輦路皆甃以方石

楷木

廣志云夫子没弟子各持其鄉土所宜木
人植一本於墓而去冢上特多楷木楷本出南
海今林中楷木最盛間有因風摧折者人
或得之以爲手板

虛墓 白兔溝附

先聖墳西有虛墓五間皆石爲之世傳
先聖没戒門弟子爲虛墓後果遭秦皇發

冢有白兔出於墓中始皇逐之至曲阜西
北十八里溝而没魯人因名其溝曰白兎溝

林

先聖葬曲阜城北泗水爲之却流塋中不
生荊棘剌人草木以百數皆遠方徙弟
所植鄉土異種魯人世世無能名著惟
楷木爲多其餘則皇覽所載枌柞雒離
毚檀之木迄今尚盛眞廟東封王欽若言
祭　文宣王詣墳設奠得芝五本詔遣入
内殿頭楊懷玉祭謝復得芝草四本有唐

以來騷人墨客謁林下者必賦詩而述獨一絕云靈光殿古生秋草曲阜城荒噪晚鴉惟有孔林殘照裏至今猶屬仲尼家最爲絕唱傳仲父貳卿嘗刻於石且題跋其後曰宗翰自爲童稚已聞人誦此詩或云一詩僧留題然竟不知誰氏之作

林中古碑

斷碑一

篆字碑碑石亦斷字畫漫滅不可讀在伯魚墓前

漢碑九

永壽三年　勅修夫子墓碑

永興二年故婺州從事孔君德碑在孔子

祠墓壇前立

延平六年立御史孔翊碑在冢前孔子十

九代孫州舉孝廉拜御史遷中牟樂

陽令

建寧四年漢尚書侍郎博陵太守下邳縣

相河東太守孔宏碑

博士孔君碑諱志

孔秉碑字敬山修嚴氏春秋

永興二年孔謙碑都尉君元子

建寧二年孔子十九世孫震字上元碑終

　博陵太守下邳相

延熹七年孔子九代孫宙字季將舉孝廉

　除郎中博昌長孔子十九世孫振字

　仲淵碑

宅圖

直外門曰前三門（乃宋重修書門樓之門）三門之後曰

御書樓（蓋藏賜書之樓）書樓後御路東西之亭其

東曰太宗朝修廟碑亭其西曰唐封孔子太
師碑亭次殿庭門殿庭門內曰御讚殿乾興
中兗州奏乞於夫子之後選朝官一人專切主之監修李廟是時祖父中丞被選奏准是殿後曰
杏壇杏壇之後即先聖正殿仁宗皇帝御書飛帛殿榜之殿道
殿後曰鄆國夫人殿後殿東廡曰泗水侯殿西廡
曰沂水侯祖殿廊西門外曰齊國公殿直殿後曰魯
國太夫人殿魯國太夫人舊廣齊國同鄭慶曆八年四十五代孫彦輔宰鄉邑奏
聖旨監修祖廟始乞移於後殿自太夫人殿由東廊以北曰
五賢堂祖殿廊東門外曰齋廳齋廳之東
廊門外曰客位直齋廳後曰齋堂齋堂之後

曰宅廳直宅廳後曰家廟自客位東一門直
北曰襲封視事廳直廳曰恩慶堂（中丞公典鄉郡曰侍致政尚書會孔氏親族於此堂徂徠石守道先生有碑紀其事）堂之東北隅曰雙
桂堂（皇祐年先公仲父同年賜第舊常於此會學故以名之）諸位皆列於祖
殿之後恩慶堂東西自祖廟併諸位舊係
勑修近世監修　祖廟者窘於用度不敢以
官錢營飾私居遂罷修諸位今族閭居處皆
自備修葺（除諸位外祖廟殿庭廊廡共三百一十六間）
右廟宅亦載曾國圖中廟壁有吳道子畫
先聖歷聘諸國車服人物威儀極爲精妙

駐蹕亭有題詠　章聖皇帝東封崇禮
先聖事人多傳頌今併録之　古栢曾沾
周雨露斷碑尚載漢文章介丘檢玉回天
仗過魯猶聞祀素王然與孔林一詩不知
誰氏所作

續添襲封世系

一代文宣王
二代鯉字伯魚封泗水侯
三代伋字子思封沂水侯作中庸
四代白字子上齊威王召爲國相

五代求字子家楚召不仕
六代箕字子京爲魏相
七代穿字子高楚魏趙三國召之不仕著書
名讕言
八代順字子慎魏相封魯文信君
九代鮒字子魚秦始皇時拜少傅著書曰孔
叢子
騰長沙太傅
十代忠字子貞爲博士
聚以兵破楚封蓼侯史記謂孔將軍居左

十一代武字子威爲武帝博士臨淮太守
安國爲博士訓注經籍
臧嗣蓼侯位九卿著書十篇
十二代延年武帝時爲博士轉太傅遷大將軍
琳嗣蓼侯
十三代霸字次孺漢時爲博士遷詹事拜太
師號褒成君
驩博士
茂関内侯
十四代福襲封関内侯

捷　喜並列校尉諸曹
光成哀平三世居公輔謚簡烈侯
吉封穀紹嘉公
十五代房龔封關内侯
永封寧鄉侯
放歷侍郎嗣博山侯
侃校書郎
何齊封宋公
十六代均字長平封關内侯更封褒成侯
奮後漢封關内侯

尚鉅鹿太守
十七代志封褒成侯謚元成侯
嘉城門校尉
仁博士遷太守
十八代損封褒成侯徙封褒亭侯
豐後漢黃門侍郎典東觀事
十九代曜後漢襲封褒亭侯
宙郎中令
僖蘭臺令史校書東觀
扶司空

翊拜御史
二十代完龔封褒亭侯
文魏大鴻臚
昱拜議郎自霸至昱卿相牧守五十三人
列侯七人
融字文舉至太中大夫有集十卷北海相
二十一代羨魏拜議郎封崇聖侯
毓征南軍司馬
郁冀州刺史
二十二代震晉武時封奉聖亭侯拜黄門

侍郎

衍東晉時中庶子廣陵太守

揚下博亭侯

潜後漢太子太傅

二十三代嶷襲封奉聖亭侯

啓廬陵太守

笠吴南昌太守

二十四代撫晉襲封奉聖亭侯豫章太守

恬吴尚書晉太守

冲尚書

二十五代懿東晉龔封奉聖亭侯

愉晉左僕射

侃大司農

倫黄門郎

群晉御史中丞

二十六代鮮宋元嘉中封奉聖亭侯改封崇

聖侯

誾龔封散騎常侍

汪晉刺史侍中

國晉左僕射

坦晉侍中常侍
嚴領尚書
二十七代秉後魏封崇聖大夫
晉尚書令
靜宋侍中特進
俟太守
道民内史
靜民侍郎
福民洗馬
道隆侍中

沉丞相椽
二十八代靈珍後魏祕書郎封崇聖侯
靈符太守
靈運著作郎
靈産光禄大夫
歒光禄大夫
景偉齊常侍
二十九代文泰襲封崇聖侯
珪字德璋齊高帝時掌詞命終常侍著北
山移文

深之宋比部郎
琳之御史中丞
遥之尚書左丞
靈龜後魏國子愽士
三十代渠龔封崇聖矦北齊改封恭聖矦後
周改封鄒國公
臻尚書令
曄中書侍郎
揔侍郎
頎後魏南臺丞

三十一代長孫襲封鄒國公
休源梁都官尚書
覬宋御史中丞行會稽郡事
道存南海太守
三十二代嗣哲隋文帝時應制登科襲封鄒
國公後改封紹聖侯
雲童別駕
宗範陳中書侍郎
奐陳尚書中書令有文集
頴達大業中明經高第歷唐司業祭酒太

常卿撰五經正義有文集
三十三代德綸唐正觀中封褒聖侯
紹安唐中書舍人
志玄唐司業
志約禮部郎中
志亮中書舍人
思政刺史
三十四代崇基武后時封褒聖侯
德紹隋祕書省正字
禎禮部外郎刺史

惠元國子司業人以三世司業爲榮
琮洪州都督
三十五代璲之字藏輝開元中襲封褒聖侯
後改封文宣公兖州長史
昌寓膳部郎中
季詡登制科終補闕
若思侍郎
仲思給事中
立言祠部郎中
眘言刺史

三十六代萱龔封文宣公
舜監察御史
至著作郎
如珪工部郎中
三十七代齊卿德宗建中三年封文宣公
岑父著作佐郎
巢父觀察使給事中御史大夫贈僕射見
杜詩
三十八代惟晊元和中龔封文宣公
述睿德宗時拜諫議大夫

載及第
戣字君嚴舉進士歷諫議大夫給事中節
度使左丞禮部尚書韓愈銘其墓云孔世
三十八
戡進士及第贈司業
戢京兆尹御史大夫
三十九代策及第襲封文宣公遷博士
敏行官至集賢學士
温資太子少傅
温質四門博士

温裕舉進士左丞節度使
温業及第吏部侍郎
四十代振字國文懿宗時狀元及第歷官御
史補闕員外郎封文宣公
極狀元及第歷侍郎
絢及第
綸及第歷殿院
緟狀元及第
緯狀元及第封魯公
緣及第

照及第
四十一代昭儉賜緋祕書郎襲封文宣公
昌明及第
昌庶及第虞部侍郎
昌弼及第至常侍
昌序及第至常侍
邈及第至諫議大夫
遘負外郎
四十二代光嗣齋郎出身泗水令
莊太常少卿

四十三代仁玉字温如曲阜令襲封文宣公
贈兵部尚書
承恭太宗朝將作監
四十四代宜字不疑太宗朝遷農丞遷賛善
大夫襲封文宣公
憲及第員外郎轉運使贈尚書
勗及第侍郎致仕長子道輔
四十五代延世字茂先真宗時為曲阜令襲
封文宣公
延澤及第贈諫議大夫

延渥知清化縣
延之贈殿中丞
道輔及第龍圖閣學士御史中丞石徂徠
作擊蛇笏銘
良輔太子中舍
彥輔國子博士
四十六代聖祐襲封文宣公終太子中舍自
此襲封改衍聖公
舜亮道輔長子中散大夫贈特進
宗翰道輔次子刑侍

宗壽承議郎
宗質仙源丞
四十七代若蒙襲封衍聖公改封奉聖公
若拙及第
若升朝奉大夫
若容朝散郎
傳字世文知撫州中散大夫著東家雜記
㤜朝散大夫
惇朝散大夫
忱文林郎

恂奉議郎

若米廸功郎親屬與　司簿尉始此

若初及第

文仲字經甫中書舍人

武仲字常甫禮部侍郎

平仲字毅甫金部郎中人謂之三孔先生

四十八代端友字子交朝奉郎襲封衍聖公

端節朝散大夫贈中奉大夫

端朝改名端木賜及第始此終知臨江軍

端己信陽軍判官

端位常德録参
源及第知萍鄉
端植通城令
端隱江陵察推
墉通直郎
百朋荆南通判
百禮江陵通判
四十九代珍字錫老襲封衍聖公朝奉郎
瓚終朝請郎知和州
璪行在省倉

彰鄉舉
文昌改慶遠廸功郎
珉以最長授廸功郎
邦翰鄉舉
過庭廣州推官
彥説富川知縣
五十代搢字季紳襲封衍聖公知建昌軍終
浙西參議
攄主簿
擬登仕郎

揆將仕郎
洸宣教郎
次玉福州推官
次戣襄陽察推
宗元鄉舉
五十一代文遠字紹先襲封衍聖公朝奉郎
終隆興倅
文謙稅院
應發鄉舉
應選鄉舉

聖義登科奉議郎賜緋知樂安縣
廷桂登科廬陵尉
伯元登科信豐簿
伯迪登科新建簿
伯頎瀏陽簿尉
霆發鄉舉
開先鄉舉
五十二代萬春字耆年襲封衍聖公通直郎
終泉州倅兼宗丞
鏊鄉舉

萬齡稅院
五十三代洙字源魯居憂擬承襲衍聖公
里鄉舉
甫鄉舉

四十六代孫宗翰序

家譜之法世叙承襲者一　而已踈畧之弊識者病之蓋先聖之沒于今千五百年宗族世有賢俊苟非見於史冊即後世泯然不聞是可痛也如太常博士諱臧臨淮太守諱安國丞相諱光北海相諱融蘭臺令史諱昱纔十數人非見於漢史皆不復知矣魏晉而下逮於隋唐見於紀者止百餘人按議郎本傳云自霸至昱七世之內爵位相係其卿相牧守五十三人列侯七人今考於傳記乃知所遺之多也宗翰假守豫

章蒙恩除魯郡將歸之日遂以舊譜命工鏤版
用廣流傳或須講求以俟他日元豐八年十一
月二十三日四十六代孫朝議大夫知洪州軍
州事兼管内勸農使江南西路兵馬鈐轄柱國
賜紫金魚袋宗翰謹序

四十八代孫端朝序

端朝聞諸父云吾家自五代亂離宗族散走死
亡畧盡獨龔封尚書諱仁玉守墳墓不去尚書
幼子諱勗仕爲侍郎長子 孫皆爲侍從儒門
復興今聚族二百口皆尚書公子孫依廟爲宅

家有賜書以至祭器御書田園僕役皆　上所
賜許仕鄉官著在吏部爲　　由是土人不以
姓名稱止曰廟宅族人無異居者獨安州族祖
六中書諱宗簡因官不歸遂家焉宣和末女真
始入寇靖康丙午群盜起家所蓄藏蕩然雲散
建炎戊申十月端朝不得已去陵廟南奔明年
己酉八月蒙　恩以孔氏特差徽州黟縣令後
二年辛亥四月赴官六月張琪犯徽州黟之四
境焚殺一空端朝與幼累奔山間僅得不死所
攜上世告勑祖父遺書生生所資皆失之矣獨

此譜山中人得之轉以見歸此譜乃古本頃叔祖貳卿削去旁支獨載世襲者有識惜之今亡而更存豈非天也因書以示子孫紹興二年歲次季五月朔四十八世孫端朝謹書

五十代孫擬序

孔氏子孫聚居祖廟幾二千年無異居他州者自經建炎兵火獨四十七代孫中散公諱傳與四十八代孫襲封公諱端友及右司公諱端木四十九代孫知府公諱瓚 傳公諱琯五位挈家隨 駕南渡散居于衢 徽 川江右松楸因

寓焉餘皆留祖廟自南渡後蒙　朝廷念孔氏
子孫之無幾計口給田以　之乃於衢州撥賜
田十頃且俾春秋兩時饗　先聖於家廟州郡
差官行禮較之鄉邑十才其一今又四十餘年
子孫漸衆所得益微而其占籍於　錫田者皆
先聖之後至若歷代追崇之盛典備見中散公
所著東家雜記茲不復云獨此闕而不書因以
大槩附於篇末淳熙五年六月旦五十代孫擬
謹書

東家雜記書
一本乃之胡祭
酒先生宿觀
其書首有沈
氏圖並又有夏
氏畫並而文傳
于胡矣今吾宿
之得之於胡子
知其念之哉时
成化乙巳十月十
九日袁則明甫
寓南昌學識

東家雜記卷終

題宋槧本東家雜記後

棘人黄丕烈

東家雜記二卷葉九來曾有宋槧本而錢遵王因假借繕寫此見諸讀書敏求記者也繼於頤抱沖案頭見有影宋本東家雜記末有茱萸山人席鑑跋云往聞何義門太史得宋槧本東家

雜記二卷毛省菴先輩從之影寫一本余於丙申仲夏得之汲古閣中據是則錢毛二家皆有影宋本而葉與何所藏宋槧本不知是一是二耳今余於東城舊家得宋槧本即為毛氏影寫本所自出是可喜也敢不寶之

南渡別撰此書，改祖庭為東家者，殆痛祖庭之淪陷而不忍質言之歟。攷四十九代孫玠襲衍聖公封，以時世失，已稱本家尊長，而卷中述世系訖於五十三代孫洙，計其時代當在南宋之季，蓋後來續有增入矣。卷首杏壇圖說與錢遵王所記正同。竊意此圖說及北山移文數字此篇銘

元祐黨籍三篇亦後人增入非之失意
蕘圃主人精於攷古其以吾言爲然乎
歲辛丑十一月竹汀居士錢大昕記